Einsterns Schwester

4

Themenheft 1
Sprachgebrauch und Sprache
untersuchen und reflektieren

Herausgegeben von
Roland Bauer, Jutta Maurach

Erarbeitet von
Annette Schumpp, Jutta Sorg

Cornelsen

Inhaltsverzeichnis

Ich bin Lola
und ich helfe dir.

So kannst du mit den Heften arbeiten

Du machst alle
Seiten der Lernportion 1 ★★★.

Zuerst im grünen Heft.	Dann im roten Heft.	Dann im gelben Heft.	Und dann im blauen Heft.

Danach machst du in
allen Heften die Lernportion 2 ★★★.

Nun machst du in
allen Heften die Lernportion 3 ★★★.

Genauso bearbeitest du
alle anderen Lernportionen.

1 Nomen ordnen

1 Nomen sind Wörter für Lebewesen und Dinge.
Außerdem gibt es **abstrakte Nomen**. Das sind z. B. Nomen für Gefühle (der Schreck), Vorgänge (die Fahrt) und Zustände (der Frieden).

2 Erstellt ein Plakat. Ordnet die Nomen richtig in die Spalten ein.

3 Sammelt weitere Nomen und ergänzt eure Tabelle.

1 Nomen bestimmen

1 Finde in der E-Mail und auf den Urlaubsbildern mindestens 20 Nomen. Ordne sie mit Artikel in einer Tabelle.

Heft 1, S. 6 ① + ②

Lebewesen	abstrakte Nomen	Dinge
die Jana	die Ferien	das Foto
...	...	...

Gruß aus dem Schwarzwald

Anhang Senden

An: family.sommer@inselcamping.de

Betreff: Gruß aus dem Schwarzwald

Liebe Jana, lieber Marc,

aus meinen Ferien schicke ich euch mit dieser E-Mail Fotos und viele Grüße. Ich bin in einem Feriencamp im Schwarzwald und habe hier riesigen Spaß. Zum Glück habe ich schon einige Freunde gefunden.

Jeden Tag erleben wir ein neues Abenteuer und es kommt keine Langeweile auf. Mit dem Wetter haben wir etwas Pech, weil es immer wieder regnet, aber die gute Laune verdirbt mir das nicht. Ich hätte Lust, noch längere Zeit hierzubleiben.

Gestern waren alle Kinder mit den Paddelbooten unterwegs und ich habe in voller Fahrt einen Felsen gerammt. Das war ein Schreck!

Euch noch einen schönen Urlaub!
Bis bald!

Euer Jonas

2 Sammle weitere Nomen zum Thema Ferien und ergänze damit die Tabelle.

1 Nomen in verschiedenen Sprachen sammeln

1 Findet heraus, welche Sprachen in eurer Klasse gesprochen werden.

2 Schreibt Nomen in verschiedenen Sprachen auf Wortkarten.

a) Sammelt die Nomen und hängt sie aus.

b) Findet Gemeinsamkeiten und Unterschiede der verschiedenen Sprachen.

c) Ergänzt eure internationale Nomensammlung im Laufe des Schuljahres.

3

1 Nomen an Wortbausteinen erkennen

1 Wörter mit den Wortbausteinen **-ung**, **-heit**, **-keit** und **-nis** sind Nomen. Ich schreibe sie groß. Sie lassen sich aus Verben und Adjektiven bilden:
wandern – die Wander**ung**, dunkel – die Dunkel**heit**,
übel – die Übel**keit**, wild – die Wild**nis**

2 Finde in den Sprechblasen die Nomen mit den Wortbausteinen. Schreibe sie mit dem passenden Verb oder Adjektiv auf.

Heft 1, S. 8 ②
die Entdeckung – entdecken, ...
...

3 Bilde Nomen und ordne sie in einer Tabelle nach ihren Wortbausteinen.

heit **keit** **nis** **ung**

Heft 1, S. 8 ③

heit	keit	...	...
die Schönheit	...	...	...
...			

freundlich | wagen | schön | lösen | rechnen | fröhlich
gesund | geheim | wahr | übel | hindern
besprechen | krank | kennen | frei | heiter | erleben

1 Über die Mehrzahl von Nomen nachdenken

1 Bildet zu den Nomen die Mehrzahl.
Sprecht darüber, was sich in der Mehrzahl verändert.

der Fleck | das Schloss | das Zebra | das Rätsel | der Zwerg | das Obst

2

3 Bilde die Mehrzahl zu den Nomen aus 2.
Ordne sie nach ihren Endungen und schreibe sie in der Einzahl und Mehrzahl auf.
Markiere, was sich in der Mehrzahl verändert.

Heft 1, S. 9 3
en: die Eidechse – die Eidechsen,
...

1 Pronomen verwenden

Ich, du, er, sie, es, wir, ihr, sie sind Pronomen und können Nomen ersetzen. Aber auch **mir, mich, dir, dich, sich, ihm, ihn, ihr, uns, euch, ihnen** sind Pronomen.

1 Entscheide, welche Pronomen passen.
Schreibe die Sätze vollständig auf.
Unterstreiche alle Pronomen.

Heft 1, S. 10 ①
Hallo, ich …
…

Hallo, ___ fühle mich allein. Wer will mit ___ spielen?

Ich wollte ___ fragen, ob ___ heute Zeit hast.

Tim will sich eine neue Hose kaufen, aber keine gefällt ___ .

Lisas Freundin hat ___ einen Kinogutschein geschenkt und begleitet ___ ins Kino.

Wir waren gestern im Wald. Dort haben ___ ___ eine Hütte gebaut.

Hallo, ___ beiden! Möchtet ___ mir beim Backen helfen?

Die fünf Freunde übernachten im Zelt. Hoffentlich haben ___ alles dabei.
Ihre Eltern haben ___ Proviant eingepackt.

2 Überlege dir zu dem Kuscheltier aus 1 eigene Sätze und schreibe sie auf.
Achte auf die passenden Pronomen und unterstreiche sie.

Heft 1, S. 10 ②
…

→ AH Seite 5

1 Die vier Fälle des Nomens kennenlernen

1 Das Nomen kann im Satz **in vier Fällen** stehen:

1. **Wer-Fall** (Nominativ): **Der Wind** treibt Windräder an.
2. **Wessen-Fall** (Genitiv): Beim Surfen spürt man die Kraft **des Windes**.
3. **Wem-Fall** (Dativ): Segler vertrauen **dem Wind**.
4. **Wen-Fall** (Akkusativ): Manchmal mögen Radfahrer **den Wind** nicht.

Das Nomen und sein Artikel können sich verändern.

2 Lies die kleinen Texte mit einem Partnerkind.
Ersetzt die Bilder durch Nomen im passenden Fall.

die Sonne | der Sonne | der Sonne | die Sonne

 schenkt Wärme und Licht.
Die Kraft  ist unermesslich groß.
Man sollte seine Haut nicht zu lange  aussetzen.
Acht Planeten umkreisen .

dem Regen | des Regens | den Regen | der Regen

 läuft am Fenster herab.
Bei Beginn  spannen alle ihre Regenschirme auf.
An eine Kanutour ist bei  nicht zu denken.
Ohne  wären die Blumen vertrocknet.

dem Gewitter | das Gewitter | des Gewitters | das Gewitter

Durch elektrische Ladungen in der Luft entsteht .
Die Sekunden zwischen Blitz und Donner verraten die Entfernung .
Wetterforscher schenken  großes Interesse.
Schon zu früheren Zeiten fürchteten viele Menschen .

3 Suche dir einen Text aus und schreibe ihn vollständig in dein Heft.
Markiere die eingesetzten Nomen mit ihrem Artikel.

Heft 1, S. 11 ③ ☐↓☐↑
Die Sonne schenkt Wärme und Licht.
…

1 Die vier Fälle des Nomens erfragen

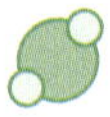

1 Lest die Sätze und die Fragen.
Findet zu den Fragen
die passenden Antworten.

Die Fragen
Wer oder was? Wessen? Wem? Wen oder was?
helfen, den passenden Fall eines Nomens
zu bestimmen.

Im Winter versteckt der Schnee die Landschaft unter einer weißen Decke.
Das Gewicht des Schnees kann Äste brechen lassen.
Beim Wintereinbruch fühlen sich viele Autofahrer dem Schnee ausgeliefert.
Kinder lieben den Schnee.

Wer oder was versteckt die Landschaft unter einer weißen Decke?
Wessen Gewicht kann Äste brechen lassen?
Wem sind die Autofahrer ausgeliefert?
Wen oder was lieben die Kinder?

2 Schreibe die Fragen aus 1
und die vollständigen Antwortsätze auf.
Unterstreiche die Fragewörter
und das Wort **Schnee**
mit Artikel in den
verschiedenen Fällen.

Heft 1, S. 12 ②
Wer oder was versteckt die Landschaft
unter einer weißen Decke?
Der Schnee versteckt die Landschaft
unter einer weißen Decke.
…

3 Schreibe Fragesätze zu den unterstrichenen Nomen in den vier Fällen.
Bestimme den Fall.

Mit Hilfe von Messstationen und Satelliten
sagen die Meteorologen das Wetter vorher.

Die ständige Beobachtung des Wetters
ist eine wichtige Aufgabe.

In den Bergen verändert sich das Wetter oft schlagartig.

Bergsteiger müssen dem Wetter große Beachtung schenken.

Heft 1, S. 12 ③
Wen oder was sagen die Meteorologen
mit Hilfe von Messstationen vorher?
= Wen-Fall (Akkusativ)
…

→ AH Seite 6

1 Die vier Fälle des Nomens verwenden

1 Lest den Text und setzt die Nomen mit Artikel im passenden Fall ein.

Selvet und Niklas stellen _____ (die Klasse) ein Buch über das Wetter vor.
Zusammen haben sie _____ (das Plakat) vorbereitet.
Zuerst begrüßen sie _____ (die Klasse).
Sie sprechen über den Inhalt _____ (das Buch) und erklären _____ (der Text) auf dem Plakat.
Zum Schluss lesen sie _____ (der Abschnitt) vor, der ihnen am besten gefällt.
Alle Kinder _____ (die Klasse) loben _____ (der Vortrag).
Selvet und Niklas sind glücklich.

2 Schreibe den Text vollständig ab. Unterstreiche die eingesetzten Nomen mit Artikel und bestimme den Fall.

Heft 1, S. 13 ②
Selvet und Niklas stellen der Klasse
ein Buch über das Wetter vor.
= Wem-Fall (Dativ)
...

3 Lest den englischen Text und vergleicht ihn mit eurem Text. Achtet besonders auf die unterstrichenen Nomen in beiden Texten.

Selvet and Niklas present a book about the weather <u>to the class</u>.
Together they prepared <u>the poster</u>.
First they welcome <u>the class</u>.
They talk about the content of <u>the book</u> and explain <u>the text</u> on the poster.
Finally they read <u>the part</u>, they like best.
All the children <u>of the class</u> like <u>the presentation</u>.
Selvet and Niklas are happy.

4

1 Über das eigene Lernen nachdenken

Am Ende einer Lernportion ist es sinnvoll, dass du dir Gedanken zu deinem Lernen machst. Dazu findest du in den nächsten Lernportionen weitere Ideen und Anregungen.
Wenn du in allen vier Heften die Lernportion 1 bearbeitet hast, wird deine erste Lernraupe vollständig sein.
Mit der Zeit entstehen mehrere Lernraupen.

1 Betrachte mit einem Partnerkind die abgebildete Lernraupe.

a) Findet heraus, was in der Raupe, den Wolken und den Blättern aufgeschrieben wird.

b) Besprecht, wie dieses Kind seinen Lernerfolg einschätzt. Begründet eure Meinung.

2 Beginne deine Lernraupe auf einer Doppelseite. Wähle mindestens zwei Raupenglieder für deine Lernraupe aus.

1 Über das eigene Lernen nachdenken

Gedanken zu meinem Lernen

2 Verben erkennen und Personalformen bilden

1

Verben gibt es in der **Grundform** und in den **Personalformen**.
Die **Personalformen** haben bestimmte **Bezeichnungen**.

Grundform: fahren

1. Person Einzahl:	ich fahre Fahrrad	Personalformen
2. Person Einzahl:	du fährst Fahrrad	
3. Person Einzahl:	er, sie, es fährt Fahrrad	
1. Person Mehrzahl:	wir fahren Fahrrad	
2. Person Mehrzahl:	ihr fahrt Fahrrad	
3. Person Mehrzahl:	sie fahren Fahrrad	

2 Schreibe die elf Verben aus dem Text in Personalform und Grundform auf.

Heft 1, S. 16 ② ☐↓☐↑
ihr plant – planen,
sie erfinden –
...

Ein Ritterturnier mit dem Fahrrad

Ihr plant das Ritterturnier.
Alle erfinden gute Turnierstationen, zum Beispiel Slalom, Zielwurf, Gepäcktransport, Ballonspiel.
Für das Ballonspiel binden alle Kinder Ballons an die Äste verschiedener Bäume.
Ein Kind verteilt an dich und jeden anderen Teilnehmer einen Stock.
Wenn du einen Ballon antippst, bekommst du einen Punkt.
Wenn der Ballon zerplatzt, erhältst du zwei Punkte.
Wir alle zählen die Punkte.
Ich rase direkt nach Lisa los und treffe zwei Luftballons.

3 Lege für drei Verben aus dem Text eine Tabelle an und ergänze die fehlenden Personalformen.

Heft 1, S. 16 ③

Grundform	planen
1. Person Einzahl	ich plane
2. Person Einzahl	...
3. Person Einzahl	...
1. Person Mehrzahl	...
2. Person Mehrzahl	...
3. Person Mehrzahl	...

2 Mit Verben Aufforderungssätze bilden

1

Verben stehen in der **Aufforderungsform**, wenn ich eine oder mehrere Personen auffordere, etwas zu tun. Das **Verb** steht dabei immer **am Satzanfang** und am **Satzende** steht ein **Ausrufezeichen**:

Bremse rechtzeitig! **Bremst** rechtzeitig!
Hilf den Fahranfängern! **Helft** den Fahranfängern!

2 Schreibe fünf Sätze auf, die du einem Kind zurufen könntest. Unterstreiche das Verb und markiere das Ausrufezeichen farbig.

Heft 1, S. 17 ② ☐↓☐↑
Bremse rechtzeitig!
...

rechtzeitig bremsen | sich richtig einordnen
den Helm nicht vergessen | nach vorne schauen | auf den Gegenverkehr achten
die Füße auf den Pedalen lassen | den Fahranfängern helfen
den Abstand zum Vordermann einhalten
den Fußgängern Vorrang gewähren
an der Haltelinie stoppen | die Vorfahrt beachten
das Fahrrad richtig abstellen

3 Schreibe fünf Sätze auf, die du der ganzen Klasse zurufen könntest. Unterstreiche das Verb und markiere das Ausrufezeichen farbig.

Heft 1, S. 17 ③ ☐↓☐↑
Schaut nach vorne!
...

4

→ AH Seite 12

2 Eigene Aufforderungssätze bilden

1 Schreibe die sechs Baderegeln als Aufforderungssätze auf.

Heft 1, S. 18 ① □↓□↑
Springe nur in ausreichend tiefes Wasser!
…

nur in ausreichend tiefes Wasser springen

das Wasser und seine Umgebung sauber halten

nicht ohne Sonnenschutz in der Sonne liegen

nicht bei Gewitter ins Wasser gehen

nicht dort baden, wo Schiffe, Boote und Surfer fahren

nicht zu weit alleine hinausschwimmen

2 Schreibe Aufforderungssätze auf, die du z. B. zu Hause oft hörst oder selbst sagst.

Heft 1, S. 18 ②
Räume bitte dein Zimmer auf!
…

2 Verben mit Vorsilben bilden

1

Verben mit Vorsilben wie **an-**, **ab-**, **auf-**, **aus-**, **ein-**, **ver-**, **vor-**, **nach-** werden im Satz oft getrennt:
Mia **setzt** einen Helm **auf**.
Enes **zieht** seine Inliner **an**.

2 Lest die Liste und ergänzt die passenden Vorsilben.

| an | vor | aus | ein | auf | nach | ver |

Vorbereitungen für einen Hindernislauf

- eine Slalombahn ___ legen → Marie
- viele Hütchen ___ stellen → Tim und Lisa
- lange Seile ___ legen → Emira
- eine Wippe ___ bauen → Tarek
- die Zielfahne ___ malen → Niko
- Einladungen ___ schicken → Max
- mit Kreide eine Ziellinie ___ zeichnen → Paula
- Freunde ___ laden → Finn
- verschiedene Preise ___ bereiten → Hanna

3 Schreibe auf, was die Kinder in **2** tun.
Unterstreiche das Verb.

Heft 1, S. 19 ③
Marie legt eine Slalombahn an.
...

2 Über das eigene Lernen nachdenken

Gedanken zu meinem Lernen

3 Verben in der 1. Vergangenheit bilden

1 Schreibe die Verben aus dem Text mit Pronomen auf.
Ergänze die Grundform.

Verben können in verschiedenen Zeitformen stehen.

Heft 1, S. 21 ①
er erfand – erfinden,
...

Fahrräder früher

Das erste bekannte Zweirad
erfand Karl Freiherr von Drais 1817.
Er nannte diese Erfindung Laufmaschine.
Später verwendete man den Begriff Draisine.
Herr von Drais baute sie vollständig aus Holz.
Sie hatte keine Pedale und keine Kette.
Der Fahrer stieß sich mit den Füßen vom Boden ab.

Der Franzose Ernest Michaux erfand das Hochrad.
Es fuhr mit Kurbel und Tretpedal.
Das Vorderrad war sehr groß und das Hinterrad sehr klein.
Viele Hochradfahrer verletzten sich, wenn sie
aus großer Höhe vom Fahrrad fielen.

2 Schreibe die Verben aus dem Text mit Pronomen auf.
Ergänze die Vergangenheitsform.

Heft 1, S. 21 ②
es gibt – es gab,
...

Fahrräder heute

Heute gibt es viele verschiedene Fahrräder:
Liegeräder, Mountainbikes, E-Bikes, Rennräder
oder Trekkingräder.
Jedes Fahrrad dient einem anderen Zweck.
Radfahrer tragen heute oftmals passende Radbekleidung
und einen Fahrradhelm.
Überall schätzen die Menschen das Fahrrad
als umweltfreundlichstes Transportmittel.
Viele Kinder lernen das Fahrradfahren heute wieder
mit einem kleinen Laufrad, ähnlich der Laufmaschine
von Herrn von Drais.

3 Verben in der 2. Vergangenheit bilden

1 **Verben**, die von **früher** erzählen, können in der **1. Vergangenheit (Präteritum)** oder in der **2. Vergangenheit (Perfekt)** stehen:

ich **erfinde** (Gegenwart)
ich **erfand** (1. Vergangenheit) ich **habe erfunden** (2. Vergangenheit)

ich **laufe** (Gegenwart)
ich **lief** (1. Vergangenheit) ich **bin gelaufen** (2. Vergangenheit)

In der geschriebenen Sprache benutzt man häufig die **1. Vergangenheit**.
In der gesprochenen Sprache benutzt man häufig die **2. Vergangenheit**.

2 Schreibe die Verben, die in der 2. Vergangenheit stehen, mit der Personalform auf.

Heft 1, S. 22 ②
ich habe erfunden,
...

Ich bin Freiherr von Drais.
Ich habe die Draisine erfunden. Ich habe lange überlegt und ich habe lange daran gebaut. Ich habe ein Gefährt gebaut, mit dem ich selbst viele Kilometer gelaufen bin. Ich habe mich immer mit langen Schritten vom Boden abgestoßen. Die Menschen haben damals sogar richtige Laufradrennen veranstaltet.
Ich bin ein großer Erfinder gewesen.

3 Stellt euch vor, ihr hättet diese Räder erfunden.
Erzählt einander davon. Nutzt die Wörter auf den Wortkärtchen.

Ich bin einer der fünf Gebrüder Opel. Wir haben …

Gebrüder Opel: Fünfrad

John Boyd Dunlop: Luftreifen

Ernst Sachs: Fahrradnabe

erfunden | entwickelt | konstruiert | gebaut

→ AH Seite 19

3 Verben in die 1. und 2. Vergangenheit setzen

1 Lies einem anderen Kind vor, was der Museumspädagoge erzählt.

4000 Jahre vor Christus ___ ein Mensch das Rad ___ (erfinden). Dieser Mensch ___ im Vorderen Orient ___ (leben). Er ___ die Grundlage für alle Fahrzeugerfindungen mit Rädern ___ (legen). 2000 Jahre vor Christus ___ die Menschen in Süddeutschland mit hölzernen Wagenrädern ___ (fahren). Im Jahr 1817 ___ es in Deutschland eine große Hungersnot ___ (geben). Auch die Pferde ___ ___ (hungern). Die Pferde ___ aber damals die Kutschen ___ (ziehen) und die Reiter ___ (tragen). Deshalb ___ Herr Drais ein Gefährt ohne Pferde ___ (erfinden): die Draisine. Die Draisine ___ die Geschwindigkeit eines galoppierenden Pferdes ___ (erreichen). 1861 ___ zwei Franzosen das erste brauchbare Hochrad ___ (konstruieren). 1867 ___ die ersten Frauen im Damensitz auf dem Hochrad ___ (fahren).

2 Schreibe selbst einen kleinen Museumsführer für Kinder. Suche dir dazu drei Sätze aus **1** aus.

Ich **erzähle** in der 2. Vergangenheit (Perfekt). Ich **schreibe** in der 1. Vergangenheit (Präteritum).

3 Mit starken Verben Vergangenheitsformen bilden

1 Schreibe ins Gespenstertagebuch, was jeder am 31.10. erledigte. Unterstreiche die Verben in der 1. Vergangenheitsform.

Heft 1, S. 24 ①
Gespensterabend am 31.10.
Fredo goss die Nachtschattengewächse.
...

2 Denkt euch aus, was ein Gespenst den Gespenstereltern von seinem Tag erzählt.

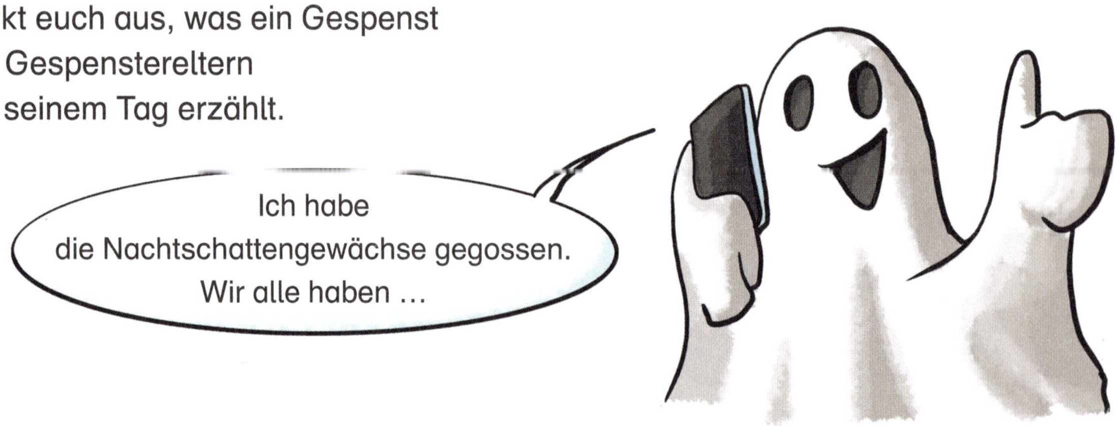

3 Die Zukunftsform von Verben bilden

1 Die **Zukunftsform** von Verben zeigt an, dass etwas in der **Zukunft (= später)** passieren wird.

Julia wird die Fahrradprüfung bestehen.

Die **Zukunftsform** besteht aus **zwei Teilen**.

erfinden:

ich **werde erfinden**	wir **werden erfinden**
du **wirst erfinden**	ihr **werdet erfinden**
er, sie, es **wird erfinden**	sie **werden erfinden**

2 Diese Maschine des Künstlers Jean Tinguely heißt Fatamorgana. Das bedeutet „optische Täuschung“.
Überlegt, was die Maschine leisten wird.
Schreibt eure Ideen in der Zukunftsform auf.
Unterstreicht die Verben.

Heft 1, S. 25 ②
Die Maschine wird ...
...

Jean Tinguely
Fatamorgana,
Méta-Harmonie IV, 1985

3 Denke dir eine eigene Maschine aus.
Du kannst sie auch zeichnen.
Schreibe auf, was deine Maschine können wird.
Unterstreiche die Verben in der Zukunftsform.

Heft 1, S. 25 ③
Meine Maschine wird ...

3 Zeitformen des Verbs erkennen

1 Lege eine Tabelle an.
Finde im Text mindestens
zehn Verben in der Vergangenheit,
fünf Verben in der Gegenwart
und fünf Verben in der Zukunft.

Heft 1, S. 26 ①

Gegenwart	1. Vergangenheit	Zukunft
es gilt	es begann	...
...	...	

Der Computer – wie es begann

1671 baute Gottfried Wilhelm Leibniz in Deutschland die erste leistungsfähige Rechenmaschine.

Dazu erfand er 1703 das binäre Zahlsystem (Dualsystem). Es gilt auch heute noch als Grundlage für die Digitalrechner. Das Dualsystem nutzt zur Darstellung von Zahlen nur die Ziffern 0 und 1.

Wertigkeit:	8	4	2	1
Null:	0	0	0	0
Eins:	0	0	0	1
Zwei:	0	0	1	0
Drei:	0	0	1	1
Vier:	0	1	0	0
Fünf:	0	1	0	1
Sechs:	0	1	1	0
Sieben:	0	1	1	1
Acht:	1	0	0	0
Neun:	1	0	0	1
Zehn:	1	0	1	0

Charles Babbage entwickelte 1822 eine Differenzmaschine. Sie war ein mechanischer Computer. Man trieb ihn durch das Drehen einer Kurbel an.

1843 schrieb Ada Lovelace das erste Computerprogramm. Im gleichen Jahr konstruierten Edvard und Georg Scheutz in Stockholm den ersten mechanischen Computer nach den Ideen von Charles Babbage.

1941 gilt bei vielen als Geburtsstunde des modernen Computers: Konrad Zuse baut den ersten vollautomatischen, programmgesteuerten, frei programmierbaren Computer der Welt.

Die 1980er-Jahre waren die Blütezeit der Heimcomputer. 1983 entstand der erste Bürocomputer mit Maus namens Lisa. Er kostete 10 000 US-Dollar. Heute gibt es in vielen Büros und Haushalten Computer. Sie sind viel günstiger als Lisa. Viele Menschen nutzen das Internet oder spielen Computerspiele. Sicherlich wird bald eine noch modernere Erfindung den Tablet-Computer ablösen. Heute gilt er als neuartig und originell.

Zukünftig werden Computer vielleicht biologische und technische Informationen verarbeiten. Vielleicht werden die Wissenschaftler auch Computer erfinden, die ein eigenes Bewusstsein entwickeln. Oder es werden nur noch Computer arbeiten, während die Menschen nichts tun werden. Was denkst du?

3

Mit den Zeitformen Quartett spielen

1 Bastelt ein Quartett. Ihr benötigt acht verschiedene Verben.

2 Spielt das Spiel.

Gedanken zu meinem Lernen

4 Adjektive mit Wortbausteinen bilden

1 Spielt das Spiel nach folgender Spielregel: Würfelt reihum. Wenn du an der Reihe bist, würfle und suche das nächste Feld, das zusammen mit deinem gewürfelten Wortbaustein ein sinnvolles Adjektiv ergibt.

Beispiel: Du würfelst **-lich** und rückst auf **Tag** vor (= täglich). Das Ziel musst du direkt erreichen.

Aus vielen Nomen und Verben kannst du Adjektive mit den Wortbausteinen **-ig**, **-lich**, **-isch**, **-los**, **-bar** oder **-sam** bilden.

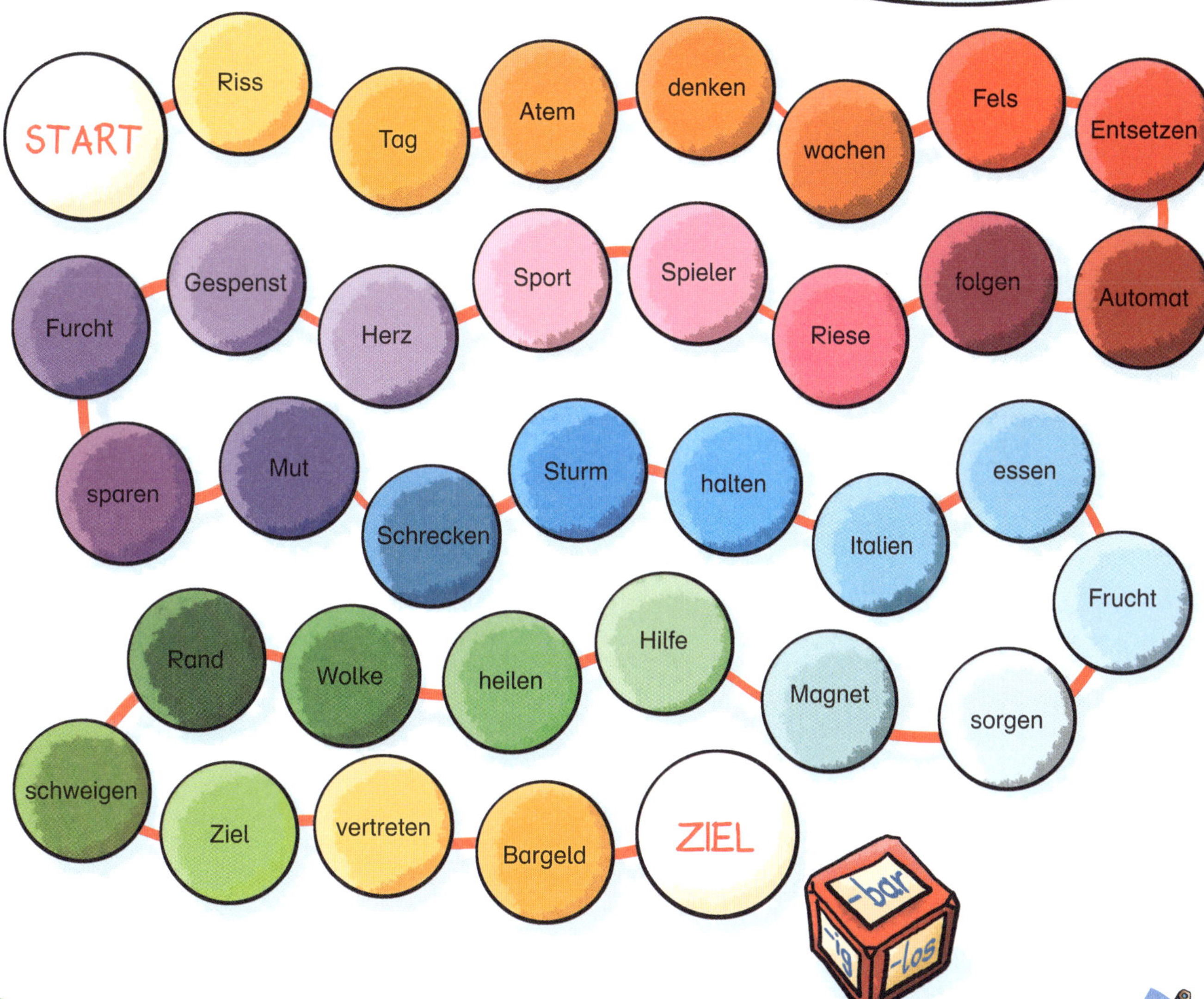

2 Bilde mit den Wortbausteinen **-bar**, **-los**, **-ig**, **-lich**, **-isch**, **-sam** Adjektive. Verwende drei Nomen und drei Verben aus dem Spielplan. Schreibe sie auf. Unterstreiche den Wortbaustein.

Heft 1, S. 29 ②
heilen – heil<u>bar</u>
Furcht – furcht<u>los</u>
...

3 Finde weitere Wörter und ergänze deine Übersicht.

4 Adjektive finden

1 Findet gemeinsam in den Textabschnitten aus dem Buch „Wickie auf großer Fahrt“ alle Adjektive.

Wer glaubt, die Wikinger wären nur wilde Raufbolde gewesen, der irrt sich gewaltig! Sie waren nämlich auch ungehobelte Trunkenbolde. Und rülpsende Räuber. Und fiese Schwertschwinger. Vor allem waren die Wikinger hervorragende Seefahrer. Mit seinen langen, wendigen Drachenbooten eroberte Erik der Rote Grönland – was nicht weiter schwer war, denn dort gab es damals nur ein paar Schafe. (9 Adjektive)

Einige Jahre später unternahm auch Halvar von Flake weite Reisen. Meistens freiwillig und voller Lust, zu rauben und zu brandschatzen. Doch eines Tages riss seine Glückssträhne und sein schmächtiger Sohn musste all seine Klugheit aufbringen, um Halvar zu retten. Aber vor dieser großen Fahrt musste den starken Männern unbedingt noch ein klitzekleiner Überfall gelingen. (6 Adjektive)

Nur wenige Sekunden später landeten kleine Schuhe in den riesigen Fußstapfen. Huch, das war aber ein winziger Wikinger! ... Sein Gesicht war von schulterlangen, karottenblonden Haaren eingerahmt. Eigentlich war dieser Wikinger schlau, gerecht, hübsch, gewitzt und steckte voller guter Ideen, das merkte man sofort. (11 Adjektive)

Wickie lag noch lange wach und starrte in die Sterne. Sie allein wussten, ob es Halvar gut ging: Und bald würde er auch seinen Vater wiedersehen. Mit dieser Gewissheit im Herzen schlief Wickie endlich friedlich ein. Der Friede währte nur kurz. Denn kaum war die Nacht so richtig rabenschwarz, hallte ein entsetzlicher Schrei über das Deck. (6 Adjektive)

2 Finde in einem Abschnitt alle Adjektive. Schreibe sie mit einem passenden Nomen auf. Du kannst Nomen aus dem Text oder eigene Nomen verwenden. Unterstreiche die Adjektive.

Heft 1, S. 30 ②
ein wilder Raufbold,
...

3 Sprecht darüber, was die Adjektive im Text bewirken.

4 Zusammengesetzte Adjektive bilden

1 Mit zusammengesetzten Adjektiven kann man ihre ursprüngliche Bedeutung noch verstärken: neu – nagelneu
Manchmal brauchst du dazu Fugenbuchstaben: stark – bärenstark

2 Bildet mit den Tieren zusammengesetzte Adjektive und schreibt sie auf.

Heft 1, S. 31 ②
Aal + glatt → aalglatt, …
…

der Aal | der Affe | der Bär | die Biene

der Hund | der Pudel | der Rabe | das Wiesel

flink | fleißig | glatt | müde | nass | schwarz | stark

3 Zerlege die folgenden Adjektive in ihre ursprünglichen Wörter.

haushoch | riesengroß | pfeilschnell

steinreich | stockfinster | staubtrocken

Heft 1, S. 31 ③
haushoch → Haus + hoch, …
…

4 Schreibe eine Mini-Geschichte mit vielen zusammengesetzten Adjektiven.

Heft 1, S. 31 ④
…

4 Farbadjektive bilden

1 Bildet aus den Nomen und den Adjektiven zusammengesetzte Farbadjektive. Schreibt sie auf.

gelb | grün | blau | weiß | braun

rot | schwarz | grau

Heft 1, S. 32 ①
dottergelb, …

2 Mischt die Farben und stellt Farbkärtchen her. Beschriftet sie. Findet ihr noch weitere zusammengesetzte Farbtöne?

3 Vergleicht die englischen und deutschen Farbadjektive.

4 Mit Adjektiven vergleichen

1 Findet alle Adjektive in ihren Vergleichsstufen.
Nennt die beiden Adjektive, deren Vergleichsstufen auf besondere Weise gebildet werden.

Pippi ist ein merkwürdiges Mädchen, bestimmt ist sie merkwürdiger als viele andere Mädchen. Vielleicht ist sie das merkwürdigste Mädchen überhaupt?

Sie hat viele Goldstücke, sicher hat sie mehr Goldstücke als ihr, vielleicht hat sie sogar am meisten.

Sie ist ein starkes Kind, sie ist stärker als die Polizisten. Vielleicht ist sie das stärkste Kind überhaupt?

Ihre Pfannkuchen sind wirklich gut, vielleicht sogar besser als bei euch, vielleicht sind es auch die besten Pfannkuchen?

Ihre Kleider sind bunt, bestimmt sind sie bunter als bei vielen anderen Mädchen. Vielleicht sind sie am buntesten?

Annika und Thomas mögen Pippis Eckbank. Sie ist sehr gemütlich, noch gemütlicher aber ist der Schaukelstuhl. Aber beide finden: Pippis Bett mit den großen Kissen ist am gemütlichsten.

2 Lest euch die Aussagen über Pippi abwechselnd vor.
Versucht sie mit eurer Stimme so zu betonen, dass man merkt, was für ein besonderes Mädchen Pippi ist.

3 Trage die Adjektive mit ihren Vergleichsformen in eine Tabelle ein.

wild | komisch | schnell | mutig | viel | schlau | lustig | witzig | fröhlich | kräftig | gut

Heft 1, S. 33 ③

Grundstufe	1. Vergleichsstufe	2. Vergleichsstufe
wild	wilder	am wildesten
...	...	...

4 Über das eigene Lernen nachdenken

Gedanken zu meinem Lernen

5 Nomenproben kennen

1

Mit einer **Nomenprobe** überprüfe ich, ob ein Wort ein Nomen ist.
Mindestens zwei Proben müssen passen.
Diese Proben gibt es:

1. Ich kann einen **Artikel** vor das Wort setzen: der Rucksack oder ein Rucksack.
2. Ich kann die **Mehrzahl** bilden: die Rucksäcke.
3. Ich kann ein passendes **Adjektiv** vor das Wort setzen: ein schwerer Rucksack.
4. Ich kann an das Wort **-chen** oder **-lein** hängen: das Rucksäckchen.
5. Ich prüfe, ob es sich um ein **Wort für ein Lebewesen, ein Gefühl, ein Ding oder etwas Abstraktes** handelt: ein Rucksack = Ding.

2 Finde im folgenden Text mit Hilfe der Nomenproben die Nomen. Schreibe sie in dein Heft.

Heft 1, S. 35 ②
Emma, Bus, …

als emma aus dem bus stieg,
schloss sie erst mal die augen und holte tief luft. ja.
so musste es riechen. nach mist, benzin und feuchter erde.
nach sommerferien bei dolly.

emma schwang sich ihren rucksack auf den rücken
und hüpfte über die straße. sie spuckte in den dorfteich,
sprang in zwei pfützen und stand vor dem gartentor
ihrer großmutter. alles war wie immer.

von dem alten haus blätterte die farbe ab und in dollys
blumenkästen wuchsen keine geranien, sondern salatköpfe.

der wackelige gartentisch unterm walnussbaum war
wie immer zu ihrem empfang gedeckt.

Cornelia Funke

3 Schreibe fünf Nomen mit jeweils zwei Nomenproben auf.

Heft 1, S. 35 ③
der Bus – die Busse
…

5 Verbenproben kennen

1

Mit einer **Verbenprobe** finde ich heraus, ob ein Wort ein Verb ist.
Diese Proben gibt es:

1. Ich kann die **Grundform** des Wortes bilden: sie lagen – liegen.
2. Ich kann das Wort in verschiedene **Personalformen** setzen:
   ich liege, er liegt …
3. Ich kann das Wort in verschiedene **Zeitformen** setzen:
   ich liege, ich lag, ich habe gelegen, ich werde liegen …

2 Finde im Text mit Hilfe der Verbenproben mindestens 15 verschiedene Verben.

Tom und Jerry, Dollys alte Hunde, lagen schlafend vor der offenen Haustür. Sie hoben nicht einmal die Schnauzen, als Emma das Tor aufstieß und aufs Haus zu lief.
Aus dem Haus roch es angebrannt.
Emma grinste. Dolly hatte wohl wieder versucht zu backen. Wahrscheinlich war sie die einzige Großmutter auf der Welt, die keinen Kuchen zustande bekam. Kochen konnte sie auch nicht besonders gut. Sie tat nichts von dem, was die Großmütter von Emmas Freundinnen gerne machten. Dolly häkelte nicht, las keine Geschichten vor, und Emmas Geburtstag vergaß sie jedes Jahr. Ihre grauen Haare waren kurz wie Streichhölzer, sie trug meistens Männersachen und ihr Auto reparierte sie selber. Emma hätte sie gegen keine andere Großmutter eingetauscht.

Cornelia Funke

3 Schreibe zehn Verben aus **2** mit einer Probe auf.

Heft 1, S. 36 ③
lagen – liegen
…

5 Adjektivproben kennen

1 Mit einer **Adjektivprobe** finde ich heraus, ob ein Wort ein Adjektiv ist.
Diese Proben gibt es:
1. Ich kann zu dem Wort **Vergleichsstufen** bilden: riesig – riesiger – am riesigsten.
2. Ich kann ein passendes **Nomen hinter das Wort** setzen: der riesige Hund.

2 Finde im folgenden Abschnitt mit Hilfe der Adjektivproben mindestens sechs verschiedene Adjektive. Schreibe sie jeweils mit einer der beiden Adjektivproben auf.

Heft 1, S. 37 ②
riesig – riesiger – am riesigsten
...

Ein riesiger Hund schoss bellend unterm Küchentisch hervor, sprang an Emma hoch und leckte ihr das Gesicht.
„Hallo, Süße." Dolly hockte vorm Backofen und sah ziemlich unglücklich aus. Sie holte ihren Kuchen heraus und knallte ihn auf den Küchentisch. „Nun guck dir das an. Wieder zu braun. Ich versteh das nicht.
Dabei habe ich mir sogar so eine dusselige Backuhr besorgt."
Der Riesenhund ließ Emma in Ruhe und beschnupperte den verbrannten Kuchen.
„Ein Glück, dass ich vorsichtshalber noch ein bisschen Kuchen gekauft habe." Dolly wischte sich die mehlverschmierten Hände an der Hose ab und gab Emma einen Kuss.

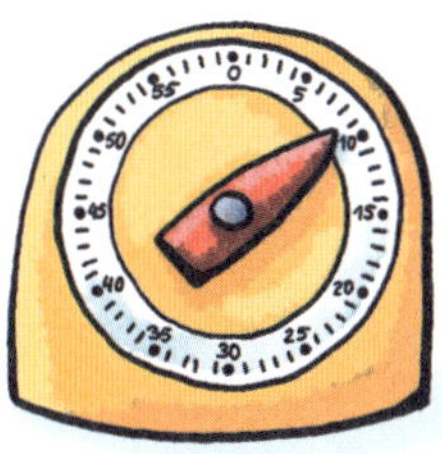

In Proskes Autowerkstatt nebenan soff ein Motor ab und Dollys Nachbarin zur Linken, Elsbeth Dockenfuß, fegte mit Radiobegleitung den Weg vor ihrer Gartenmauer.
„He Elsbeth!", rief Dolly. „Kannst du dein Radio mal etwas leiser drehen? Mein Kaffee schwappt schon aus der Tasse von dem Lärm."
Elsbeth schlurfte murrend zur Mauer, drehte das Radio ab und kam auf Dollys Zaun zu.

Cornelia Funke

5 Die Wortartenproben anwenden

1 Finde im folgenden Text vier Nomen in der Einzahl mit Artikel und vier Verben in der Grundform. Schreibe sie auf.

Heft 1, S. 38 ①

Nomen	Verben
das Seepferdchen	…
…	

Das Seepferdchen

Es sieht aus wie ein Fabelwesen,
ein erfundenes Tier. Als wenn jemand zu zeichnen begonnen und sich dabei gedacht hätte: Ach, heute male ich mal ein Unterwasserpferd. Ein Unterwasserpferd mit Stacheln anstelle einer Mähne. Mit einer Rückenflosse anstelle von Beinen. Mit einem geringelten Greifschwanz, rollenden Augen und einem zierlichen Hals. Aber da war niemand, der zeichnete. So etwas Verrücktes wie ein Seepferd kann man sich nämlich nicht ausdenken. Wirkliche Dinge sind oft seltsamer als ausgedachte Dinge.
Ein Seepferdchen ist ein Fisch. Ein Fisch, der nicht so gut schwimmen kann. Darum hält es sich mit dem Schwanz an einem Büschel Seegras fest. So kann die Strömung es nicht forttragen. Es sieht aus wie ein Luftballon, wie es da an seinem Schwanz im Wasser hin und her schwingt.

Bibi Dumont Tak

2 Tauscht euch darüber aus, welche Proben ihr angewendet habt.

3 Schreibe einen eigenen Text über ein Tier. Verwende viele Adjektive und unterstreiche sie. Wende dabei die Adjektivprobe an.

Heft 1, S. 38 ③
…

→ AH Seite 34

5 Über das eigene Lernen nachdenken

Gedanken zu meinem Lernen

6 Sätze mit einem Bindewort verbinden

1

Mit **Bindewörtern** wie z. B. während, dass, wenn, weil, damit, obwohl, nachdem, bevor, als … kann ich **zwei Sätze** miteinander **verbinden**.
Zwischen den verbundenen Sätzen steht ein **Komma**.
Felix packt ein Buch ein. Er liest gern.
Felix packt ein Buch ein, <u>weil</u> er gern liest.

2 Verbinde die beiden Sätze mit dem Bindewort und schreibe sie auf.

Heft 1, S. 40 ②
Jonas und Mama packen zu essen und zu trinken ein, <u>weil</u> …
…

weil	Jonas und Mama packen zu essen und zu trinken ein. Die Fahrt dauert fünf Stunden.
wenn	Imo wedelt freudig mit dem Schwanz. Er umrundet das Auto.
während	Papa träumt schon vom Strand. Er blättert im Urlaubskatalog.

3 Entscheide, welches Bindewort passt.
Schreibe die Sätze auf.
Untersteiche das Bindewort.
Denke an das Komma.

Heft 1, S. 40 ③ □↓□↑
Ich esse immer zwei Pausenbrote, <u>obwohl</u> …
…

Ich esse immer zwei Pausenbrote,	damit	die Pause dann zum Spiolon viel zu kurz ist.
Ich gehe früh ins Bett,	bevor	ich in der Schule nicht müde bin.
Ich putze meine Zähne,	obwohl	ich schlafen gehe.

→ AH Seite 43

6 Wörtliche Rede kennzeichnen

Was jemand in einer Geschichte **spricht**, nennt man **wörtliche Rede**.
Vor der wörtlichen Rede stehen **Anführungszeichen unten**,
danach **Anführungszeichen oben**.
Ein **Redebegleitsatz** gibt an, wer spricht.
Nach dem Redebegleitsatz steht ein **Doppelpunkt**:
Schröder sagt: „Ich will Klavier spielen wie Beethoven."

1 Schreibe die Sätze ab. Setze die fehlenden Zeichen ein.

Charlie Brown ruft Komm her, Snoopy!

Linus fragt Wo ist meine Schmusedecke?

Lucy brüllt Ich bin so wütend!

Schröder sagt Ich will Klavier spielen wie Beethoven.

Heft 1, S. 41 ①
Charlie Brown ruft:
„Komm her, Snoopy!"
...

2 Lies den Comic.

a) Schreibe die wörtliche Rede mit passenden Begleitsätzen auf.
Du kannst auch die Verben aus dem Wortkasten nutzen.

mitteilen rufen sprechen widersprechen meinen
bemerken seufzen antworten erwidern überlegen

Heft 1, S. 41 ②
Linus bemerkt:
„Hinter dir sitzt ein großer Alligator!"
...

b) Unterstreiche den vorangestellten Redebegleitsatz.

c) Markiere den Doppelpunkt und die Anführungszeichen der wörtlichen Rede mit verschiedenen Farben.

→ AH Seite 44

6 Nachgestellte Redebegleitsätze schreiben

1 Der **Redebegleitsatz** kann auch **nach der wörtlichen Rede** stehen.
Dann setze ich die Satzzeichen so:
„Suchst du nach vergrabenen Schätzen?“, fragt Hobbes.
„Ich suche nach vergrabenen Schätzen!“, ruft Calvin.
„Ich suche nach vergrabenen Schätzen“, sagt Calvin.

2 Lies den Comic.

a) Schreibe das Gespräch von Calvin und Hobbes auf.
Die Begleitsätze sollen hinten stehen.

b) Unterstreiche den nachgestellten Redebegleitsatz.
Markiere die Anführungszeichen und das Komma vor dem Redebegleitsatz in verschiedenen Farben.

Heft 1, S. 42 ②
„Warum gräbst du ein Loch?“, fragt Hobbes. ...

3 Lest eure Texte mit verteilten Rollen. Findet einen Erzähler und Kinder für die Instrumente, die die Satzzeichen vertonen.

den Doppelpunkt  2x

den Punkt  1 Schlag

die Anführungszeichen  2x

das Ausrufezeichen 

das Komma  1 Schlag

das Fragezeichen 

→ AH Seite 45

6 Dialoge schreiben und lesen

1 Lies den Text.

Pia schaut auf den Tisch. „Und was machen dann diese Möhren hier? Ich esse doch keine Möhren."
Und ich sage: „Oh, glaubst du, das wären Möhren? Das sind doch keine Möhren. Das sind orangefarbene Lakritzstangen vom Jupiter."
„Die sehen aber wie Möhren aus", sagt Pia.
„Wie können das Möhren sein", sage ich.
„Auf dem Jupiter wachsen überhaupt keine Möhren."
„Das stimmt", sagt Pia. „Na gut, vielleicht probiere ich eine, wenn sie den weiten Weg vom Jupiter kommen.
Mmmh, nicht schlecht", sagt sie und beißt noch mal ab.

Lauren Child

2 Lest den Dialog mit verteilten Rollen.

3 Denke dir aus, wie du Pia überreden kannst, Kürbissuppe oder Bohnen oder Spinat zu essen. Schreibe den Dialog mit Begleitsätzen auf.

Heft 1, S. 43 ③
Pia sagt: „Ich esse doch ...

4 Suche dir ein Partnerkind und lest den Dialog mit verteilten Rollen.

6 Bei Aufzählungen Kommas setzen

1 Schreibe einen der beiden Sätze ab.
Setze dabei in der Aufzählung
an den richtigen Stellen ein Komma.

Heft 1, S. 44 ①
An einem sonnigen Wochenende spiele ich draußen, fahre Skateboard, ...

An einem sonnigen Wochenende spiele ich draußen fahre Skateboard gehe Fußballspielen oder verbringe den Tag im Freibad.

An einem verregneten Wochenende spiele ich mit meiner Ritterburg lese Abenteuerbücher male mit Wasserfarben und räume mein Zimmer auf.

2

Rad fahren, lesen, kochen, schlafen, rennen, spielen, Kekse essen, Kuchen backen, mit dem Hund spazieren gehen, Musik hören, am Computer spielen, tanzen, fernsehen, mit meinen Freunden spielen, ...

3 Schreibe eine ausführliche Aufzählung
deiner Lieblingsbeschäftigungen.
Du kannst auch die Liste verwenden.

Heft 1, S. 44 ③
Meine Lieblingsbeschäftigungen sind ...

6 Über das eigene Lernen nachdenken

Gedanken zu meinem Lernen

7 Satzglieder umstellen

So arbeite ich mit dem Satzfächer:
1. Ich übertrage jedes Satzglied auf einen Papierstreifen.
2. Ich verbinde diese Papierstreifen zu einem Fächer.
3. Ich verschiebe die Satzglieder zu einem sinnvollen Satz und schreibe ihn auf.
4. Ich verschiebe die Satzglieder mehrmals und finde weitere Sätze.

1 Lies die Bastelanleitung für den Satzfächer. Bastle fünf verschiedene Satzfächer mit den fünf Sätzen. Schreibe jedes Satzglied auf einen Papierstreifen.

die Köche	servieren	den Gästen	im Saal	das Essen	am Abend
der Burgherrin	liefern	die Dorfbewohner	am Morgen	das Obst	an
die Pagen	striegeln	nach dem Ausritt	die Pferde	gründlich	
am Nachmittag	im Hof	die Kinder	Holzschwerter	schnitzen	
nach dem Turnier	gratuliert	das Burgfräulein	dem edlen Ritter		

2 Bildet zu jedem Satzfächer verschiedene Sätze und lest sie euch gegenseitig vor. Schreibt zu einem Fächer alle möglichen Sätze auf.

Heft 1, S. 46 ②
...

3 Stelle einen eigenen Satzfächer mit möglichst vielen Satzgliedern her. Bildet mit dem Fächer eines Partnerkindes Sätze.

7 Subjekt und Prädikat ermitteln

Der Ritter reitet.
Ich frage nach dem **Subjekt**:
Wer oder **was** reitet? der Ritter
Ich frage nach dem **Prädikat**:
Was tut jemand oder **was geschieht?** Der Ritter reitet.

1 Frage in den Sätzen nach dem Subjekt.
Schreibe die Fragen und
die Antworten auf.
Unterstreiche die Antwort.

Heft 1, S. 47 ① □↓□↑
Wer trägt Gewänder aus Leinen und Wolle?
die Ritter
...

Die Ritter tragen Gewänder aus Leinen und Wolle.

Auf dem Turnierplatz kämpfen sie mit Schwert und Schild.

Umsichtig versorgen ihre Knappen die Pferde.

Jede Ritterfamilie besitzt ein eigenes Wappen.

Am Mittag beginnt das Ritterspektakel.

Die Fanfarenklänge eröffnen das Turnier.

2 Frage in den Sätzen nach dem Prädikat.
Schreibe die Fragen und
eine kurze Antwort auf.
Unterstreiche in der Antwort
das Prädikat.

Heft 1, S. 47 ②
Was tun die Ritter?
Sie tragen Gewänder.
...

3 Finde auf deinen Satzfächern von Seite 46
die Subjekte und Prädikate.
Schreibe auf die Rückseite die passenden
Fragen und Subjekt oder Prädikat.

7 Zweiteilige Prädikate finden

1 Das **Prädikat** kann auch **aus zwei Teilen** bestehen:
Die Mägde legen das Fleisch in Salzlake ein.

2 Stelle in jedem Satz die Frage nach dem Prädikat.
Schreibe die Fragen und Antworten auf.
Unterstreiche die zweigeteilten Prädikate.

Heft 1, S. 48 ②
Was tun die Mägde?
Sie legen das Fleisch ein.
...

Die Mägde legen das Fleisch in Salzlake ein.

Der Koch setzt eine Suppe an.

Die Küchenmädchen bereiten das Gemüse vor.

Der Küchenjunge sammelt Scherben auf und bringt sie weg.

3 Schreibe mit den Wörtern in den Steinen
sinnvolle Sätze oder Unsinnsätze auf.
Unterstreiche immer das zweigeteilte Prädikat.

Heft 1, S. 48 ③
Der Küchenhund trocknet
die Suppe ab.
...

4 Finde aus deinen Satzfächern von Seite 46 den Satzfächer mit dem zweigeteilten Prädikat heraus. Überprüfe, ob du beide Teile markiert hast.

7 Die Wen-oder-Was-Ergänzung bestimmen

1

Die **Wen-oder-Was-Ergänzung** (Akkusativobjekt) ist auch ein Satzglied.
Ich frage danach: **Wen** oder **was?**
Die Bauern versorgen die Tiere.
Wen oder was versorgen die Bauern? <u>die Tiere</u>

2 Stelle in jedem Satz die Wen-oder-Was-Frage.
Schreibe die Fragen und Antworten auf.

Heft 1, S. 49 ②
Wen oder was sammeln die Kinder?
Pilze und Beeren.

Die Kinder sammeln Pilze und Beeren.

Die Knappen jagen Wildschweine.

Die Frauen aus dem Dorf pflücken Kräuter und Gräser.

3 Bilde mit den Mauersteinen sinnvolle Sätze oder Unsinnsätze. Unterstreiche die Wen-oder-Was-Ergänzung.

Heft 1, S. 49 ③
Die Bauern bauen <u>Mäuse</u>.
…

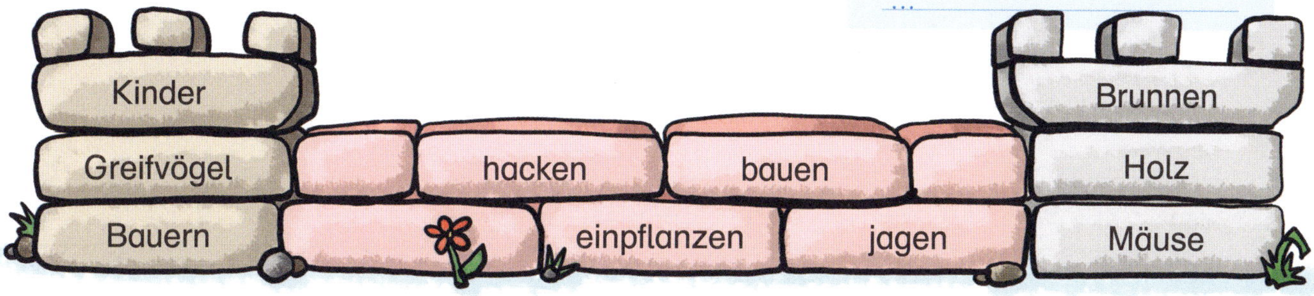

4 Finde auf deinen Satzfächern von Seite 46 die Wen-oder-Was-Ergänzungen.
Schreibe auf die Rückseite die passenden Fragen und die Wen-oder-Was-Ergänzung.

7 Die Wem-Ergänzung finden

1

Die **Wem-Ergänzung** (Dativobjekt) ist auch ein Satzglied.
Ich frage danach: **Wem?**
Die Händler verkaufen dem Koch ihre Waren.
Wem verkaufen die Händler ihre Waren? dem Koch

2 Stelle die Fragen nach der Wem-Ergänzung.
Schreibe die Fragen und kurze Antworten auf.

Heft 1, S. 50 ②
Wem erklärt der Burgwächter den Weg?
dem Händler
...

Der Burgwächter erklärt dem Händler den Weg.

Der Wachsoldat öffnet den Dorfbewohnern das Tor.

Der Stallmeister bringt dem Ritter neue Pferde.

Die Bauern liefern dem Burgherrn Getreide.

3 Bilde eigene Sätze mit Subjekt, Prädikat und der Wem-Ergänzung.
Du kannst die Prädikate aus der Burgmauer verwenden. Unterstreiche die Satzglieder in verschiedenen Farben.

Heft 1, S. 50 ③
Die Küchenjungen helfen den Köchinnen.
...

helfen | gehören | folgen | schmecken | zuhören

4 Finde auf deinen Satzfächern von Seite 46 die Wem-Ergänzungen (Dativobjekte).
Schreibe auf die Rückseite die passenden Fragen und Wem-Ergänzung.

7 Wen-/Was- und Wem-Ergänzungen unterscheiden

1 Entscheidet, ob das unterstrichene Satzglied
eine Wen-oder-Was-Ergänzung oder
eine Wem-Ergänzung ist.
Stellt dazu die passenden Fragen.

1 Julian sucht in einem Ritterbuch Informationen.
2 Er erforscht das Leben auf der Burg.
3 Seiner Freundin Alessa zeigt er sein Plakat.
4 Zusammen gestalten sie die Überschrift.
5 Der Lehrer hat viele Aufgaben vorbereitet.
6 Er erklärt den Kindern die Projektarbeit.
7 Alle Kinder brauchen große Papierbögen.
8 Eine Gruppe übt ihre Präsentation in der Aula.
9 Jule hilft Mathilda beim Verkleiden als Burgfräulein.
10 Zum Schluss feiern alle ein großes Ritterfest.

2 Stellt zu den Sätzen die Wen-oder-Was-Frage
und die Wem-Frage.
Schreibt die Sätze ab und unterstreicht
die Ergänzungen in den passenden Farben.

Heft 1, S. 51 ②
1 Jeden Tag liest der Lehrer …

1 Jeden Tag liest der Lehrer den Kindern ein spannendes Ritterbuch vor.

2 Eine Gruppe stellt ihre selbst gebaute Ritterburg der Klasse vor.

3 Die Eltern spenden allen Gruppen viel Beifall.

3 Schreibe selbst mehrere Sätze mit beiden Ergänzungen.
Lass ein Partnerkind deine Ergänzungen bestimmen.

7 Nach Satzgliedern fragen

① Lies den Text und frage in jedem Satz nach dem fett gedruckten Satzglied.
Schreibe jeweils die Frage und die Antwort auf.
Bestimme das Satzglied und unterstreiche es in der passenden Farbe.

Heft 1, S. 52 ①
Wem gehörte Bibernell?
Igraines Familie.
Was …

- Die Frage nach dem Subjekt: **Wer** oder **was?**
- Die Frage nach dem Prädikat: **Was tut** jemand**?** oder **Was geschieht?**
- Die Frage nach der Wen-oder-Was-Ergänzung: **Wen** oder **was?**
- Die Frage nach der Wem-Ergänzung: **Wem?**

Igraine Ohnefurcht

Seit mehr als dreihundert Jahren gehörte Bibernell **Igraines Familie.** **Die Burg** war nicht groß. Aber für Igraine war es die schönste Burg der Welt. Das Burgtor **bewachten** zwei Steinlöwen. Hoch oben auf einem Mauersims hockten sie. Wenn sich **ein Fremder** näherte, fletschten sie **die steinernen Zähne.** **Die Löwen** waren nicht die einzigen Wächter auf Bibernell. Von den Mauern blickten steinerne Fratzen herab, die **jedem Fremden** fürchterliche Grimassen schnitten. Ihre breiten Münder konnten **Kanonenkugeln** schlucken. Brandpfeile zerknackten sie, als gäbe es nichts Schmackhafteres auf der Welt. Zum Glück jedoch hatten **die Steinfratzen** schon lange keine Pfeile oder Kanonenkugeln mehr zwischen die Zähne bekommen. **Bibernell** war seit vielen Jahren nicht mehr angegriffen worden. Früher war es weniger friedlich zugegangen, denn Igraines Familie besaß **Zauberbücher.** **Raubritter, Herzöge, Barone, ja sogar zwei Könige** hatten Bibernell überfallen. Doch **sie alle** waren erfolglos wieder davongezogen.

Cornelia Funke

7 Die Ergänzung des Ortes verwenden

1 Die **Ergänzung des Ortes** ist auch ein Satzglied.
Ich frage danach: **Wo?**, **Wohin?** oder **Woher?**
Kunibert schläft im Stall.
Wo schläft Kunibert? im Stall

2 Stellt euch gegenseitig Wo- und Wohin-Fragen zur Bestimmung des Ortes.

klettert
schleicht
schläft
sitzt
stöbert
blickt

in den Burggraben
aus dem Verlies
im Burghof
auf sein Land
im Waschzuber
in der Kemenate

3 Denke dir aus, was Kunibert in der Burg und außerhalb der Burg erlebt.
Schreibe es auf und unterstreiche die Ergänzungen des Ortes.

Heft 1, S. 53 ③
Kunibert klettert in den Burggraben,
schläft in …

4 Finde auf deinen Satzfächern von Seite 46 die Ergänzungen des Ortes.
Schreibe auf die Rückseite die passenden Fragen und Ergänzung des Ortes.

→ AH Seite 52

7 Die Ergänzung der Zeit bestimmen

1

Die **Ergänzung der Zeit** ist auch ein Satzglied.
Ich frage danach: **Wann?**, **Wie oft?** oder **Wie lange?**
Kunigunde lernt mittwochs nach der Mittagsruhe Fallen bauen.
Wann lernt Kunigunde Fallen bauen? mittwochs nach der Mittagsruhe

2 Stellt euch gegenseitig Fragen zu Kunigundes Stundenplan.

	Mo.	Di.	Mi.	Do.	Fr.
8–10 Uhr	*Im Sommer:* jagen *Im Winter:* Pferdepflege	*Im Sommer:* reiten *Im Winter:* Pferdepflege	*Im Sommer:* reiten *Im Winter:* Feuer machen	*Im Sommer:* jagen *Im Winter:* Freizeit	*Im Sommer:* reiten *Im Winter:* Pferdepflege
10–12 Uhr	nähen und stricken		Wappenkunde	nähen und stricken	Feuer machen
12 Uhr	Mittagessen um 12 Uhr				
Burgenruhe bis 14 Uhr					
14–16 Uhr	Fährten lesen	schnitzen	Fallen bauen	Heilpflanzenkunde	Freizeit
16–18 Uhr	schnitzen	*Im Winter:* musizieren und singen *Im Sommer:* Freizeit		*Im Winter:* musizieren und singen *Im Sommer:* Freizeit	

3 Schreibe mindestens sechs Fragen mit den passenden Antwortsätzen auf. Unterstreiche in der Frage das Fragewort und im Antwortsatz die Ergänzung der Zeit.

Heft 1, S. 54 ③
Wann lernt Kunigunde Feuer machen?
Freitags lernt Kunigunde Feuer machen.

→ AH Seite 53

7 Die Ergänzung der Art und Weise verwenden

1

Die **Ergänzung der Art und Weise** ist ein weiteres Satzglied.
Ich frage danach: **Wie? Auf welche Art und Weise?**
Sorgfältig packt Alisa ihren Rucksack.
Wie packt Alisa ihren Rucksack? sorgfältig

2 Fügt in den Sätzen passende Ergänzungen der Art und Weise ein. Probiert mehrere Möglichkeiten aus. Ihr könnt die Sätze auch umstellen.

schnell | neugierig | gründlich | gut gelaunt

miteinander | alleine | wie der Blitz | zusammen | mit dem Rucksack | müde

freudig | mit dem Bus | gespannt | gut vorbereitet | mit Begeisterung | …

Vor den Ferien plant die Klasse einen Ausflug.

Der Busfahrer erwartet die Kinder vor der Schule.

Alle Kinder fahren zur Burg Hohenzollern.

Ihre Lehrerin hat eine Kinderführung gebucht.

Sie treffen sich an der Kanone im Burghof.

Die Museumspädagogin erzählt ihnen etwas über das einstige Burgleben.

Anschließend wollen sie die Burg erkunden.

Am Abend kommen sie wieder an der Schule an.

3 Schreibe einige Sätze auf und unterstreiche die eingefügte Ergänzung. Bestimme in deinen Sätzen auch die anderen Satzglieder und unterstreiche sie in der passenden Farbe.

Heft 1, S. 55 ③
…

7 Mit Satzgliedern Treppensätze bilden

1 Lest euch die Treppensätze vor. Wechselt euch bei jeder Stufe ab.
Bestimmt gemeinsam die Satzglieder.

Unsere Klasse
Unsere Klasse unternahm
Unsere Klasse unternahm vor den Ferien
Unsere Klasse unternahm vor den Ferien einen Ausflug
Unsere Klasse unternahm vor den Ferien einen Ausflug zu einer mittelalterlichen Burg.

Neugierig
Neugierig erkundeten
Neugierig erkundeten wir
Neugierig erkundeten wir mit unseren Freunden
Neugierig erkundeten wir mit unseren Freunden den Burggraben.

Nach dem Rundgang
Nach dem Rundgang verspeisten
Nach dem Rundgang verspeisten wir
Nach dem Rundgang verspeisten wir in der Burgschenke
Nach dem Rundgang verspeisten wir in der Burgschenke einen Ritterschmaus.

2 Suche dir eine Treppe aus und schreibe sie auf ein Blatt. Bestimme bei dieser Treppe die Satzglieder und unterstreiche sie in den passenden Farben.

3 Verfasse passend zu zwei Abbildungen eigene Treppensätze.

4 Denke dir eigene Treppensätze aus. Schreibe und zeichne dazu.
Du kannst auch den englischen Satz als Treppe aufschreiben.

In the morning | Laura | is riding | her horse | in the forest.

7 Über das eigene Lernen nachdenken

Gedanken zu meinem Lernen

8 Redewendungen kennenlernen

Redewendungen zu benutzen heißt in Bildern zu sprechen.
Viele Bilder sind schon älter und damit schwierig für uns zu verstehen.
Manchmal muss ich Redensarten erst übersetzen, um sie zu verstehen.

1 Ordne den Redewendungen die passenden Bedeutungen zu.

Heft 1, S. 58 ①
1 – B, ...

1 Lisa hat den Faden verloren.

2 Lisa fällt mit der Tür ins Haus.

3 Lisa stellt das ganze Haus auf den Kopf.

4 Lisa schneidet Tim das Wort ab.

5 Für Lisa hängt der Himmel voller Geigen.

6 Lisa bindet ihrer Schwester einen Bären auf.

A Lisa durchsucht etwas genau.

B Lisa hat vergessen, was sie sagen wollte.

C Lisa ist sehr glücklich.

D Lisa sagt ohne Vorrede, was sie zu sagen hat.

E Lisa lässt Tim nicht ausreden.

F Lisa lügt ihre Schwester scherzhaft an.

2 Suche dir eine Redewendung aus und male dazu ein Bild.

8 Redewendungen verstehen und erklären

1 Entscheidet bei jeder Redewendung, was sie bedeutet.

Heft 1, S. 59 ①
Mir kommt die Galle hoch. – Ich bin wütend.
…

Mir kommt die Galle hoch.

| Ich bin wütend. | Mir ist schlecht. |

Ich habe den richtigen Riecher.

| Meine Nase ist genau richtig groß. | Ich habe eine Vorahnung. |

Ich wickle dich um den kleinen Finger.

| Ich besiege dich. | Ich beeinflusse dich. |

Ich gehe mit dem Kopf durch die Wand.

| Ich bin unvorsichtig und stoße mich. | Ich setze mich unnachgiebig durch. |

Ich trage mein Herz auf der Zunge.

| Ich spreche aus, was ich empfinde. | Ich habe starkes Herzklopfen. |

2 Erkläre eine dieser beiden Redewendungen mit eigenen Worten.

| Ich schnappe jemandem etwas vor der Nase weg. | Ich bin mit einem blauen Auge davongekommen. |

Heft 1, S. 59 ②
…

3

→ AH Seite 59

8 Redewendungen mit Tieren verstehen und erklären

① In jede Redewendung hat sich ein falsches Tier eingeschlichen. Schreibe alle Sprichwörter mit den richtigen Tieren auf.

Heft 1, S. 60 ①
Hunde, die bellen, beißen nicht.
...

Heuler, die bellen, beißen nicht.

Ein blindes **Entchen** findet auch einmal ein Korn.

zwei **Bienen** mit einer Klappe schlagen

jemandem einen **Wolf** aufbinden

Hase haben

besser der **Wurm** in der Hand als die Taube auf dem Dach

Ist die Katze aus dem Haus, tanzen die **Hunde** auf dem Tisch.

die **Schlange** im Sack kaufen

sich wie ein **Affe** im Porzellanladen benehmen

aus der **Ameise** einen Elefanten machen

Da ist der **Frosch** drin.

② Wähle eine Redewendung.
Nimm dir ein quadratisches Blatt, knicke oben und unten einen Streifen um. Schreibe in den oberen Streifen die Redewendung und in den unteren Streifen die Bedeutung. Jetzt drehst du das Blatt um und malst die Redewendung auf. Zeige einem anderen Kind das Bild. Lass es die Redewendung erraten.

Mit Redewendungen Wort-Bilder gestalten

1 Finde den **Stein im Brett**.

B R E T T B R E T T B R E T T B R E T T B R E T T B R E T T B R E T T
B R E T T B R E T T B R E T T B R E T T S T E I N B R E T T B R E T T
B R E T T B R E T T B R E T T B R E T T B R E T T B R E T T B R E T T
B R E T T B R E T T B R E T T B R E T T B R E T T B R E T T B R E T T

2 Ordnet die Redewendungen und deren Bedeutung den Wort-Bildern zu.

1

2

S U P P E S U P P E S U P P E
S U P P E S U P P E S U P P E
S U P P E H A A R S U P P E
S U P P E S U P P E S U P P E
S U P P E

4

H O S E H O S E
H O S E H O S E
H O S E H E R Z
H O S E H O S E
H O S E H O S E

3

S T A M M
S T A M M
S T A M M
S T A M M
S T A M M
S T A M M
S T A M M
S T A M M
S T A M M
A P F E L S T A M M

A ein Haar in der Suppe finden

B Das Herz rutscht in die Hose.

C Jemand hat nur Stroh im Kopf.

D Der Apfel fällt nicht weit vom Stamm.

a Kinder sind ihren Eltern ähnlich

b immer das Schlechte sehen

c dumm sein

d plötzlich große Angst bekommen

3 Gestalte selbst ein Wort-Bild oder ein Bild zu einer Redewendung. Du kannst aus diesen Redewendungen eine auswählen.

- wie eine Made im Speck leben
- die Flinte ins Korn werfen
- Da liegt der Hase im Pfeffer.
- die Katze aus dem Sack lassen
- Jemandem ist eine Laus über die Leber gelaufen.
- eine Eselsbrücke bauen

8 Merksprüche kennen

1 Sammle Merksprüche.

2 Denkt euch einen eigenen Merkspruch für die Gitarrensaiten aus.

Heft 1, S. 62 ②
E ...

3 Suche dir den Merkspruch aus, mit dem du dir die Umstellung auf die Sommerzeit am besten merken kannst. Schreibe den Merkspruch auf.

Heft 1, S. 62 ③
...

Im Frühling stellt man die Gartenstühle **vor** das Haus,
im Herbst stellt man sie **zurück** ins Haus.

Spring **forward**,
fall **back**.

8 Über das eigene Lernen nachdenken

Gedanken zu meinem Lernen

Einsterns Schwester 4

Themenheft 1
Sprachgebrauch und Sprache untersuchen und reflektieren

Herausgegeben von: Roland Bauer, Jutta Maurach

Erarbeitet von: Annette Schumpp, Jutta Sorg

Fachliche Beratung exekutive Funktionen: Dr. Sabine Kubesch, INSTITUT BILDUNG plus, im Auftrag des ZNL TransferZentrum für Neurowissenschaften und Lernen, Ulm

Begutachtung: Katrin und Peter Bertram (Mühlenbeck), Maire Büntemeyer (Syke), Angelika Fischer (Weiterstadt), Claudia Hoeschen (Kappeln), Sybille Maier-Alvarez del Cid (Achern), Julia Schäfer (Gießen)

Redaktion: Sabine Gerber, Mirjam Löwen

Illustration: Yo Rühmer, Frankfurt am Main

Umschlaggestaltung: Cornelia Gründer, agentur corngreen, Leipzig

Layout und technische Umsetzung: lernsatz.de

fex

fex steht für *Förderung exekutiver Funktionen.* Hierbei werden neueste Erkenntnisse der kognitiven Neurowissenschaft zum spielerischen Training exekutiver Funktionen für die Praxis nutzbar gemacht. **fex** wurde vom **ZNL TransferZentrum für Neurowissenschaften und Lernen** (www.znl-ulm.de) an der Universität Ulm gemeinsam mit der **Wehrfritz GmbH** *(www.wehrfritz.com)* ins Leben gerufen. Der Cornelsen Verlag hat in Kooperation mit dem ZNL ein Konzept für die Förderung exekutiver Funktionen im Unterrichtswerk *Einsterns Schwester* entwickelt.

www.cornelsen.de

Aus didaktischen Gründen wurden Texte gekürzt/bearbeitet.

2. Auflage, 3. Druck 2021

Alle Drucke dieser Auflage sind inhaltlich unverändert
und können im Unterricht nebeneinander verwendet werden.

ISBN 978-3-06-083579-9 (Themenheft Leihmaterial)
ISBN 978-3-06-084246-9 (E-Book Einsterns Schwester 4 Leihmaterial)

Dieses Heft ist Bestandteil des Pakets „Einsterns Schwester 4“ (ISBN 978-3-06-083578-2)
und kann auch einzeln bestellt werden.

Inhalt gedruckt auf säurefreiem Papier aus nachhaltiger Forstwirtschaft.